Inhalt

Zulassung und Kennzeichnung von gentechnisch veränderten Organismen (GVO)

Kernthesen

Beitrag

Fallbeispiele

Weiterführende Literatur

Impressum

Zulassung und Kennzeichnung von gentechnisch veränderten Organismen (GVO)

I.Zeilhofer-Ficker

Kernthesen

- Zum 19. April 2004 treten die neuen EU-Vorschriften zur Zulassung, Kennzeichnung und Rückverfolgbarkeit von gentechnisch veränderten Organismen (GVO) in Kraft.
- Viele Produkte, die bereits heute GVO enthalten, müssen ab April mit dem Vermerk "genetisch verändert", "enthält genetisch verändertes..." oder "aus

genetisch verändertem ... hergestellt" gekennzeichnet werden.
- Für Verstöße gegen die GVO-Vorschriften sind Bußgelder bis 50 000 EUR und für besonders gravierende Fälle Haftstrafen bis zu drei Jahren vorgesehen.
- Da künftig auch Produkte gekennzeichnet werden müssen, in denen kein GVO mehr nachgewiesen werden kann, ist ab April eine wesentlich höhere Anzahl von gekennzeichneten Produkten im Handel zu erwarten.

Beitrag

Gentechnisch veränderte Organismen (GVO) - umstritten von Anfang an

Schon vor 20 Jahren gelang es Molekularbiologen das erste Mal, einer Pflanze fremde Gene ins Erbgut zu setzen. 1996 wurde in den USA der kommerzielle Anbau von gentechnisch veränderten Pflanzen gestartet, der seither pro Jahr um mindestens 10 Prozent zunahm. Weltweit belief sich die Anbaufläche von GVO in 2003 bereits auf 67,7 Millionen Hektar. 99

Prozent der Anbaufläche befindet sich in den USA, Kanada, Argentinien und China. Hauptsächlich werden gentechnisch veränderte Sojabohnen, Mais, Baumwolle und Raps produziert. (1), (2)

Bis 1998 waren in Europa 15 gentechnisch veränderte Organismen (GVO) für den europäischen Markt zugelassen worden, dann wurden jegliche Neuzulassungen gestoppt, da gesetzliche Regelungen zur Herkunftskontrolle und Kennzeichnung fehlten. Diese Regelungen gibt es nun und man rechnet mit einer zügigen Abwicklung der anstehenden 29 Zulassungsverfahren für weitere gentechnisch veränderte Pflanzen. (3)

Von Anfang an waren Gentechnik-Produkte heftig umstritten. Während die Entwickler und Vermarkter von GVO von den ungeahnten Möglichkeiten schwärmten, ein Ende des Hungers und aller Krankheiten in der Welt durch GVO ankündigten, entwickelten die Gegner Horrorszenarien von sich immer weiter verbreitenden, Krankheiten und Tod bringenden Organismen, die den Weltuntergang verursachen würden. (2)

Die Wahrheit dürfte wohl irgendwo dazwischen liegen. Unzählige Untersuchungen und Studien haben bisher noch keine negativen Auswirkungen auf die Gesundheit von Menschen oder Tieren nachweisen können. Auch die befürchteten allergischen Reaktionen blieben bisher aus. Allerdings wurde bei Freilandversuchen einiger Pflanzen eine Beeinträchtigung der Artenvielfalt festgestellt. Auch kann es zur unkontrollierbaren Verbreitung durch Auskreuzungen mit Wildpflanzen kommen, die nicht rückgängig zu machen sind. Durch die fehlende Langzeiterfahrung ist nicht endgültig auszuschließen, dass sich transgene Organismen langfristig als krebserregend oder anderweitig gesundheitsschädlich erweisen könnten. (2), (4)

Gespalten ist auch die Einstellung der verschiedenen EU-Länder zu GVO. Während beispielsweise Spanien die Chancen und Möglichkeiten der Technologie betont, sind andere für ein absolutes Verbot jeglicher GVO in ganz Europa. Deutschland wird eine eher ablehnende Haltung zugesprochen, da zur Zeit immerhin 74 Prozent der Verbraucher gentechnisch veränderte Lebensmittel strikt ablehnen. (3)

Deshalb soll nun der Käufer entscheiden. Durch die neuen Kennzeichnungsvorschriften soll dem Verbraucher die Möglichkeit gegeben werden, sich bewusst für oder gegen ein Produkt zu entscheiden, das GVO enthält oder daraus hergestellt wurde.

Das EU-Recht

Zulassungsverfahren (Verordnung Nr. 1829/2003)

Durch EU-Verordnungen ist geregelt, dass nur solche GVO in Europa gehandelt, verarbeitet oder angebaut werden dürfen, die von der EU genehmigt wurden. Wird ein Antrag auf Zulassung für ein transgenes Produkt gestellt, ist der erste Schritt die wissenschaftliche Risikobewertung, die von der Europäischen Lebensmittelbehörde (EFSA) durchgeführt wird. Erhält das Produkt eine Unbedenklichkeitsbescheinigung von der EFSA, kommt der Antrag zur Abstimmung im EU-Lebensmittelausschuss. Ist dort keine Mehrheit für oder gegen den Antrag zu finden, gibt es eine neue Abstimmungsrunde der EU-Agrarminister. Fehlt auch dort eine eindeutige Mehrheit, obliegt es der EU-Kommission, eine Entscheidung herbeizuführen. (3), (5), (6), (www.Europa.eu.int)

GVO, die nicht in der EU zugelassen aber als unbedenklich eingestuft sind, werden für einen Übergangszeitraum von drei Jahren toleriert, sofern ihr Anteil am Endprodukt nicht mehr als 0,5 Prozent beträgt. (7)

Vorschriften zur Kennzeichnung und Rückverfolgung (Verordnung Nr. 1830/2003)

Alle gentechnisch veränderten und aus GVO hergestellten Lebens- und Futtermittel, die ab dem 18. April 2004 produziert oder in die EU importiert werden, müssen als solche gekennzeichnet werden. Dazu wurde ein Code aus Zahlen und Buchstaben entwickelt. Jeder GVO erhält bei seiner Zulassung für die EU diesen Erkennungscode zugewiesen. Zur Rückverfolgbarkeit muss dieser Code über alle Verarbeitungsstufen hinweg angegeben werden, auch auf dem daraus hergestellten Endprodukt, selbst wenn der Organismus darin nicht mehr nachweisbar ist. (7)

Die Kennzeichnungspflicht gilt für alle Lebens- und Futtermittel, die mehr als 0,9 Prozent GVO enthalten. Dieser Schwellenwert wurde angesetzt, damit unbeabsichtigte oder technisch nicht vermeidbare Verunreinigungen toleriert werden können. Ausgenommen von der Kennzeichnungspflicht sind allerdings Produkte von Tieren, die mit gentechnisch veränderten Futtermitteln gefüttert wurden, also

Fleisch, Wurst, Eier, Milch und Milchprodukte. (6), (7), (8)

Viele Produkte mussten bisher nicht als gentechnisch verändert gekennzeichnet werden, weil die GVO im Endprodukt nicht mehr nachweisbar waren. Nach der neuen Gesetzeslage ist die Nachweisbarkeit nun kein Kriterium mehr. Daher müssen künftig eine Reihe von Produkten wie beispielsweise Schokolade, Pflanzenöle oder Margarine gekennzeichnet werden, weil sie bereits heute mehr als 0,9 Prozent transgenes Soja oder Mais enthalten. (7)

Es ist zu erwarten, dass wir ab April eine ganze Reihe dieser Produkte im Supermarkt finden werden, versehen mit den Begriffen "genetisch verändert", "enthält genetisch verändertes..." oder "aus genetisch verändertem ... hergestellt". (3), (9), (www.Verbraucherministerium.de)

Damit Missbrauch vermieden werden kann, müssen Hersteller, die GVO in ihren Produktionsprozessen verwenden, für eine lückenlose Dokumentation über alle Prozessschritte hinweg sorgen. Es muss jederzeit feststellbar sein, welcher GVO in welcher Mengen und in welchem Prozess eingesetzt wurde und wer der Lieferant davon war. (www.Europa.eu.int)

Empfindliche Strafen vorgesehen

Bei Verstößen gegen die GVO-Verordnungen sind in Deutschland Bußgelder bis zu 50 000 EUR vorgesehen. Bis zu drei Jahren Haft drohen, wenn gegen grundlegende Verpflichtungen aus den EU-Verordnungen verstoßen wird. Dieses hohe Strafmaß soll verhindern, dass Produkte ohne Deklaration in den Handel kommen, nur weil GVO darin nicht nachgewiesen werden können. (6)

Offene Punkte

- Vorschriften für den Anbau von GVO
- Haftungsfrage
- Kontrollinstanzen

Die offenen Punkte sollen in der Novellierung des deutschen Gentechnikgesetzes, dass noch vor der Sommerpause 2004 verabschiedet werden soll, geregelt werden.

Fallbeispiele

Neuzulassungen

Als erste Neuzulassung nach dem EU-Moratorium beschäftigt sich die EU mit der Zulassung der süßen Maissorte BT11 der Schweizer Firma Syngenta. Nachdem sich beim EU-Lebensmittelausschuß keine qualifizierte Mehrheit für oder gegen die Zulassung ergeben hat, ist nun der EU-Minsterrat am Zug. Sind sich auch die Minister uneins, was zu erwarten ist, wird die EU-Kommission die Zulassung erteilen. (13) Auch für die Monsanto Maissorte MK603 ist das Zulassungsverfahren am Laufen, nachdem die EBLF dessen Unbedenklichkeit bereits bescheinigt hat. Weitere Produkte werden in Kürze folgen. (13)

Greenpeace Einkaufsratgeber

Für Furore sorgte der im Januar von Greenpeace vorgelegte Einkaufsratgeber "Essen ohne Gentechnik". Greenpeace listet darin alle großen Markenhersteller und Handelsunternehmen mit Eigenmarken und bewertet Sie nach der Zusage, auf GVO zu verzichten. Firmen, die den Verzicht sowohl für Lebens- als auch Futtermittel bestätigten, wurden mit grünen Punkten markiert. Blieb man die Verzichtserklärung schuldig oder war sie nicht eindeutig genug, drohten gelbe oder gar rote Punkte. Inwieweit sich die Klassifizierung von Greenpeace mit der künftigen EU-geregelten Kennzeichnung decken wird, bleibt abzuwarten. (14)

Weiterführende Literatur

(1) Stunde der Wahrheit
aus Der Handel Nr.02 vom 11.02.2004 Seite 012

(2) Haltmeier, Hans, GENTECHNIK - Saat der anderen Art, FOCUS, 03.11.2003, Ausgabe 45, S. 102 - 108
aus Der Handel Nr.02 vom 11.02.2004 Seite 012

(3) Die EU versucht den Kurswechsel in der grünen Gentechnik
aus Frankfurter Allgemeine Zeitung, 09.12.2003, Nr. 286, S. 21

(4) "Eine schwierige Koexistenz"
aus Lebensmittel Zeitung 07 vom 13.02.2004 Seite 051

(5) Aspekte der Agrarpolitik 2003
aus Agrarwirtschaft 53 (2004), Heft 1, Seite 001

(6) Bundesländerinteressen sind nicht berücksichtigt
aus Lebensmittel Zeitung 08 vom 20.02.2004 Seite 036

(7) Paradigmenwechsel bei Kennzeichnung von Gen-Lebensmitteln
aus Lebensmittel Zeitung 52 vom 23.12.2003 Seite 018

(8) Gen-Hinweis kommt nicht auf die Tüte
Futtermittel mit Gen-Soja müssen ab April deklariert sein, bei Milch und Fleisch verzichtet der Handel noch darauf
aus Frankfurter Rundschau v. 05.02.2004, S.44, Ausgabe: S Stadt

(9) Gen-Etikettierung liberal auslegen
aus Lebensmittel Zeitung 10 vom 05.03.2004 Seite 034

(10) Abwarten und dann verzichten Zusätze bei Futtermitteln: Bauern sollen testen, ob die Landwirtschaft einen Weg ohne Gen-Technik gehen kann / Moratorium für die Rhön geplant
aus Frankfurter Rundschau v. 05.02.2004, S.41, Ausgabe: S Stadt

(11) Reif für die Tomate aus dem Genlabor
aus Frankfurter Allgemeine Sonntagszeitung, 08.02.2004, Nr. 6, S. 31

(12) GVO international kennzeichnen
aus Ernährungsdienst 17 vom 03.03.2004 Seite 001

(13) Bewegung bei GVO-Zulassung
aus Ernährungsdienst 08 vom 31.01.2004 Seite 001

(14) "Einkaufsberater" macht die Branche nervös
aus Lebensmittel Zeitung 03 vom 16.01.2004 Seite 006

Impressum

Zulassung und Kennzeichnung von gentechnisch veränderten Organismen (GVO)

Bibliografische Information der deutschen Nationalbibliothek

Die Deutsche Nationalbibliothek verzeichnet diese Publikation in der deutschen Nationalbibliografie; detaillierte bibliografische Daten sind im Internet über http://dnb.d-nb.de abrufbar.

ISBN: 978-3-7379-1439-0

© 2015 GBI-Genios Deutsche Wirtschaftsdatenbank GmbH, Freischützstraße 96, 81927 München, www.genios.de

Alle Rechte vorbehalten. Dieses Werk ist einschließlich aller seiner Teile – z.B. Texte, Tabellen und Grafiken - urheberrechtlich geschützt. Jede Verwertung außerhalb der Grenzen des Urheberrechtsgesetzes bedarf der vorherigen Zustimmung des Verlags. Dies gilt insbesondere auch für auszugsweise Nachdrucke, fotomechanische

Vervielfältigungen (Fotokopie/Mikroskopie), Übersetzungen, Auswertungen durch Datenbanken oder ähnliche Einrichtungen und die Einspeicherung und Verarbeitung in elektronischen Systemen.